LE SALUT

LE SALUT

Le soleil de la liberté luit pour tout le monde.
F. P. P.

Homme, Patrie, Famille, République

Par F. P. POLYDORE

(DE RIBÉRAC)

TOULOUSE
IMPRIMERIE J.-M. BAYLAC
Rue de la Pomme, 34.

1872

LE SALUT

Le soleil de la liberté luit pour tout le monde.

F. P. P.

Homme, Patrie, Famille, République.

L'HOMME

I

Dieu créa l'homme à son image, dit la Genèse : Nous n'avons qu'à réfléchir un peu, qu'à nous recueillir pour exprimer nettement ce que nous devons entendre par là : L'homme est un tout parfait, son imagination n'a pas de bornes; sa puissance n'a que celles assignées par le Créateur à son empire; s'il était immortel, il serait Dieu lui-même sur le globe terrestre ! L'homme est un tout parfait, dans ce qu'il est convenu d'appeler la nature, car il possède seul au suprême degré la faculté de connaître, de corriger la nature; il possède une âme, l'intelligence, la raison, flambeau toujours allumé, essence indépendante venue de l'essence divine, cette essence incréée, éternelle, sans limites, inexprimable, compréhensible tout au plus dans cette proposition que l'univers est un cercle dont le centre est partout, la circonférence nulle part. Voilà bien l'homme. Mais, avec et en dehors de l'univers, globes, natures, tout ce qui les entoure, univers ne pouvant être borné par l'imagination qui, elle-même n'a pas de bornes, il y a Dieu, cette suprême intelligence qui souffle les âmes à nos corps, les retire, les absorbe, se décompose et se recompose éternellement, sans travail, sans effort, sans souci, prenant toutes les formes, les plus grandes comme les plus petites, toutes les couleurs, tous les attributs! L'homme possédant dans la nature quelque chose de ces formes, de ces couleurs, de ces attributs est donc l'image saisissable de Dieu!...

Les lieux où le premier homme fut placé, étaient un vrai paradis terrestre; une nature primitive et luxuriante promettait un printemps éternel; les arbres chargés de fruits, les sentiers ménagés par l'ordre naturel recouverts d'un gazon vert et épais, les petites plantes aux feuilles symétriquement découpées, aux fleurs multicolores et odoriférantes remplissaient l'air de parfums délicieux, le soleil durant le jour tamisait ses rayons à travers le feuillage et jetait dans la clairière un réseau impalpable d'images aux couleurs de l'arc-en-ciel, dorait vers le soir la cime des grands arbres et le faîte des monts, puis disparaissait à l'occident pour laisser à la terre connue de l'homme, une teinte moins vive, une chaleur moins dense, un repos nécessaire; aimable transition du jour à la nuit, heure où la brise commençait à souffler, à agiter le vert feuillage, à bercer les roseaux et les fleurs en attendant l'apparition de la lune, cette veilleuse fidèle, cette douce ennemie des ténèbres, ce témoin discret d'un sommeil réparateur. Une douce rosée venait après minuit rafraîchir le patrimoine du premier homme et préparer ainsi les voies à la nature fécondante des rayons du soleil d'hier, d'aujourd'hui, de demain, de l'ancien, du toujours nouveau soleil.

Au point du jour, la source coulait plus abondante, le gazon paraissait plus vert, la rose plus vermeille, le chant du rossignol plus harmonieux, le rugissement du lion plus puissant, l'empressement de tous les animaux plus marqué; c'est qu'en effet, tout dans la nature obéissait à la loi de nécessité, tout travaillait pour sa conservation, son développement et sa transformation. O Divine sagesse du Créateur! Génie du souverain ordonnateur de toutes choses! il ne m'est donné de vous pénétrer et de vous comprendre que dans mon héritage, dans ce que je vois, dans ce que je touche, dans ce que je sens, dans ce rien de votre immensité, de votre puissance que l'on nomme la nature, dans ce rien qui fut le lot de mes pères, qui sera celui de mes enfants, ce rien tellement petit qu'il ne comblerait pas le vide d'une marguerite enlevée à la prairie sans bornes, verte et fleurie qui sert de tapis à vos pas majestueux; ce rien tellement grand que nul homme n'a pu encore en voir toutes les formes, toutes les nuances, en parcourir toutes les parties, en toucher tous les éléments, en découvrir toutes les lois et tous les attributs! Mais, s'il ne m'est donné de vous pénétrer et de vous comprendre que dans l'infiniment petit que l'on nomme mon royaume terrestre, je vous pénètre et je vous comprends assez pour vous adorer à deux genoux, pour déposer aux pieds de votre éternelle et sublime beauté, le plus grand trésor de reconnaissance et d'amour que mes facultés m'aient permis d'amasser; je vous pénètre et je vous comprends assez pour déclarer au reste des hommes que vous seul êtes grand, puissant, juste, bon, immuable, majestueux, éternel; que votre éternité se communique à tout ce qu'il vous plaît d'éterniser, et que le néant est le partage de tout ce qui a cessé de vous plaire sans qu'il y ait jamais un vide en vous, sans que le moindre de vos attributs puisse être atteint par ce qui a pu être et qui ne sera plus jamais; je vous pénètre et je vous comprends assez pour dire avec Bacon que beaucoup de science m'a fait douter, mais que plus de science m'a fait croire. O divine sagesse du Créateur! Génie du souverain ordonnateur de toutes choses! recevez mon adoration et l'humble hommage de mon inépuisable reconnaissance!...

Un jour, Dieu fit entendre sa voix au premier homme, cet ange parfait, supérieur aux autres anges par la puissance de l'imagination, de la volonté, du libre arbitre, bien qu'il ne pût dévorer l'espace avec de larges ailes. La voix de Dieu, douce et forte à la fois, inspirant l'amour et la crainte, donnant surtout une confiance absolue, était la même voix qui avait tiré l'homme du néant, qui lui avait donné pouvoir sur toutes choses palpables, qui lui avait donné l'empire de l'air, de la terre et des mers: — Adam, dit-elle, tu as maintenant conscience de ton état, tu sais que tu es une petite mais fidèle image de ton créateur, que rien dans ton empire ne peut prévaloir contre toi, que rien ne peut t'offenser ni te toucher désagréablement, que tu es pétri d'un limon invulnérable; que le froid, le chaud, la faim, la soif, tout ce qui paraît un tourment chez les êtres soumis à ta domination et qui n'est en réalité qu'une condition nécessaire à leur existence, ne peut te soumettre à la même condition, car je t'ai créé immortel, doué d'une âme supérieure, d'une intelligence susceptible de tout étudier, de tout comprendre, de se faire une récréation éternelle de tout ce qui passe, repasse, meurt, renaît, se décompose, se recompose dans un espace que tu mettras des siècles à parcourir et que tu parcouras éternellement, si tel est ton plaisir, avec des jouissances toujours nouvelles. Tu sais tout cela, Adam, et tu sais encore que tout dans la nature obéit aveuglément à ta volonté: Le fleuve détourne son cours si tu lui creuses un nouveau lit, l'arbre tordu se redresse avec un tuteur, l'animal le plus fier se rend à ta voix, ne prenant sa nourriture, ne retournant auprès de sa femelle que lorsque tu l'as jugé convenable; les races, les familles dégénèrent en variétés, en espèces infinies selon le caprice de ta raison, et tu sais aussi que c'est par ta raison, par ton intelligence, par ton immortalité que tu me ressembles plutôt que par des formes apparentes dont le mécanisme restera toujours mon secret, et que la seule différence qui existe entre nos deux êtres, c'est que tout chez toi, excepté la vie, a des limites, tandis que chez moi rien n'a de limites : tout est sans bornes !

— Eh bien ! Je viens te dire, sans être appelé, car je ne suis soumis à rien et je n'obéirais pas plus à l'homme immortel, mon ouvrage, qu'à la plus haute domination qu'il lui est permis d'imaginer, je viens te dire que je suis prêt à t'accorder ce que ton libre arbitre t'a laissé désirer, si non ardemment, du moins avec convoitise, avec persistance dans des moments de réflexion exagérée, de méditation sur les causes de l'enchaînement des êtres. Je vois tout, je sais tout, je fais tout sans travail ni colère ; ce qui t'explique ma supériorité, l'impossibilité dans laquelle tu te trouves, malgré ton libre arbitre, de cacher l'ombre de la plus petite de tes pensées dans le plus profond repli de ton cœur. Je me hâte de te dire de ne pas rougir de tes réflexions, de tes méditations, elles sont naturelles et ne peuvent en rien m'offenser ; elles peuvent même s'étendre à l'infini sans altérer ni fortifier les conditions de ton existence ; elles sont la conséquence de ton libre arbitre et la preuve de la connaissance approfondie de ton être, des êtres inférieurs, la preuve de la foi en ton Dieu, ton créateur, celui sans la volonté duquel rien de ce qui est ne serait, rien de ce qui sera ne pourrait être. Mais, si le sujet de tes méditations, en vertu du libre arbitre que je t'ai octroyé, amène dans ton esprit un dessein arrêté de descendre, corporellement parlant, au rang des êtres inférieurs, je te donnerai, comme à ces êtres, un autre toi-même, moins fort, moins mâle, moins énergique mais plus souple, plus gracieux, plus aimant, qui, par des dispositions particulières et le résultat d'une union sentimentale, raisonnée, de caresses tendres et réitérées, de baisers échangés avec ardeur, d'un entrelacement des membres vertigineux et passionné, verra son sein se féconder et donnera naissance en temps et lieu à des rejetons qui eux-mêmes en auront d'autres, créant ainsi, non plus l'homme, mais l'humanité ! C'est ici Adam que je fais appel à tous tes esprits, à toute ta raison : Ton âme est immortelle, elle rend ton corps immortel ; mais si, corporellement parlant, tu veux te reproduire à l'infini, devenir le premier d'une race, la cause première d'une variété d'espèces dans l'humanité, il faut te résigner à connaître, à discerner, à souffrir le bien et le mal, à descendre corporellement au rang des animaux soumis à ta domination ; tu travailleras, chasseras comme eux pour assouvir la faim, la soif et mille autres besoins qui naîtront de ta nouvelle condition ; tu sentiras les maux comme les jouissances, tu vieilliras, tu mourras comme les brutes. Quant à ton âme immortelle, je la recueillerai après ta mort pour lui assurer une éternité de bonheur dans mon propre sein, si malgré ta nouvelle condition tu as pratiqué, durant la vie terrestre, le juste plutôt que l'injuste, le bon plutôt que le mauvais, le bien plutôt que le mal ! Dans le cas contraire, comme tout ce qui sera injuste, mauvais ou mal, n'existera que par ton libre arbitre, je me réserve de rejeter au moment de la mort, de la séparation de l'âme immortelle d'avec un corps devenu poussière, toute âme ou parcelle de mon essence qui, volontairement, aurait cessé d'aimer la justice, la vertu, le bien. Dans ce cas, c'est la mort éternelle, c'est le néant que toi ou les tiens auraient en partage.

— Que si, maintenant, tu me demandais pourquoi l'homme ne peut avoir une femme, comme le lion a une lionne, le cerf une biche, le cheval une jument, etc..., et reproduire son espèce à l'infini comme tous les êtres inférieurs, sans perdre son immortalité corporelle, tu n'aurais qu'à songer à cette immortalité même et aux limites de ton empire terrestre. Dieu ne se contredit pas, ne se trompe jamais, ses œuvres ont le fini de la perfection même, et c'eût été déroger aux règles du simple bon sens que la création d'un être immortel avec faculté de reproduction à l'infini dans un espace limité. — La voix se tut; Adam demeura longtemps endormi sous son charme, grisé par le parfum qui s'exhalait autour de lui. Quand il eut repris ses sens, il courut vers l'endroit d'où partait cette voix, il prit la position la plus humble, chercha autour de lui et se prit à murmurer ces paroles : — O divine sagesse! Génie du souverain ordonnateur de toutes choses! recevez mon adoration et l'humble hommage de mon inépuisable reconnaissance! Je suis le fils de votre volonté: si mon bonheur, qui est parfait dans cet empire, vous est une condition agréable, conservez-le éternellement. Je puis encore me prendre à penser sur la génération; mais désireux de garder mon immortalité corporelle, ma supériorité sur tous les êtres de la création, je renonce à une compagne, à l'espoir d'embrasser des enfants, de vous les présenter comme les fils de votre œuvre, de les élever dans la crainte et l'amour de leur Dieu!...

Combien de saisons Adam demeura-t-il dans ces sentiments? des milliers d'années ont pu s'écouler; les animaux ont peuplé la terre, les oiseaux l'air, les poissons l'onde, et le premier homme, en véritable roi, continuait de commander à tout, à marcher de découvertes en découvertes, etc... Il est certain qu'Adam, bien qu'il n'ait laissé aucun écrit l'attestant, a dérogé aux sentiments ci-dessus, a voulu, grâce à son libre arbitre, avoir une compagne, élever des enfants, etc...

L'homme immortel, malgré les souffrances, la mort même des animaux, ne se rendant pas bien compte de ces souffrances et de cette mort, atténuées du reste par l'apparition de rejetons nombreux et à peu près ressemblants, l'homme immortel, disons-nous, a voulu mourir corporellement, espérant renaître dans ses rejetons et vivre ainsi éternellement avec des compagnons et des compagnes. Et puis, témoin intéressé aux joies comme aux afflictions des animaux, témoin éternel des envies, des besoins, des caresses de ces êtres inférieurs, sans âme, mais doués d'un instinct que la plus grande rectitude de jugement chez un être pensant ne saurait surpasser, il a dû être bien plus frappé de ces envies, de ces besoins, de ces caresses que des maux qui en sont la conséquence; ajoutons la curiosité, le désir d'apprendre des choses nouvelles, d'étendre son action par l'action collective d'être semblables, et nous aurons peut-être la solution d'un problème posé par la Genèse, mais non résolu malgré Moïse et le poëte Milton d'une manière conforme à la froide raison.

II

L'homme étant déchu volontairement, ne faisons pas cependant l'injure à notre premier père d'avoir eu pleine et entière connaissance des maux qui devaient affliger l'humanité dans l'avenir; ses réflexions n'ont dû rouler que sur le bien, le beau, le juste, et la mort même lui semblait un bonheur, vu la naissance d'autres soi-même, vu la promesse du Créateur de recueillir l'âme humaine dans son propre sein.

Maintenant, comment fut créée la première femme ? Comment vint-elle trouver Adam ? Faudra-t-il croire, avec Georges Sand, qu'elle sortit comme un champignon (1) d'un lit de mousse quelconque, qu'elle franchit le bocage et vint joindre ses ébats dans la plaine au bord d'un clair ruisseau, aux ébats d'Evenor qui l'appela Leucippe, et que sans l'avoir désiré, sans savoir d'où elle venait, ce qu'elle était, où elle irait, par la force seule du sentiment, elle se trouva mariée, irrévocablement mariée au premier venu, car ce système peut faire supposer des milliers de naissances semblables, et qu'avec Evenor elle donna le jour à une race blanche, jaune, noire ou rouge ? Nous

(1) *Evenor et Leucippe.*

déclarons préférer de beaucoup le récit de la Genèse au récit de Georges Sand et à toutes les inductions savantes des faux prophètes, des philosophes, des géologues, des idéologues et autres imposteurs en *ogues*. Bien plus, nous expliquons le récit de la Genèse, et cette fois notre raison admet ce que nous a transmis Moïse, c'est-à-dire la tradition, comme la seule, l'exacte vérité :

Adam, surpris par le Créateur dans des essais infructueux, dans des méditations profondes sur de nouveaux essais, peut-être dans des actions comparables aux actions instinctives des bêtes, dans des appels insensés à un être imaginaire, dans des invocations à la matière, en proie enfin à une fièvre qui était la négation des principes enseignés, qui eût frisé la désobéissance s'il y avait eu fruit défendu, qui l'eût mis à la longue en guerre ouverte avec son Dieu et dans l'impossibilité de jouir paisiblement de l'éternité..., Adam eut une côte enlevée durant son premier sommeil et son premier rêve se réalisa :

Le paradis terrestre venait de renouveler son manteau de verdure, les fleurs émaillaient les sentiers, l'écoulement des sources faisait naître sur son passage des touffes de gazon; les animaux s'accouplaient, choisissaient leur repaire ou bâtissaient leurs nids; la terre, le soleil et la lune se miraient amoureusement et à tour de rôle dans les yeux de l'un l'autre; en un mot, un nouveau printemps venait de paraître, et l'homme-roi plus intrigué, plus envieux, plus désireux que jamais, s'associait par l'imagination aux préparatifs, aux travaux, aux amours de toute la nature; puis un soir, l'œil ardent, la tête grosse, les veines gonflées, la démarche lente, il se laissa choir sur un tapis merveilleusement préparé à l'ombre d'un mancenillier, promena ses regards sous la voûte azurée, ferma ses paupières et demeura longtemps dans cette position, tant son imagination extravagante lui créait de distractions inconnues. Il vit, en effet, dans une extase, une divine figure, une sublime beauté dont lui seul garda le souvenir, que nul homme n'a vu depuis sur ce globe, que nul n'y verra peut-être jamais, s'approcher de lui, se baisser, prendre son côté, lui ravir un os saignant et fumant, cicatriser aussitôt la plaie et façonner avec cet os un être palpable, charmant, infiniment gracieux, doué des principaux organes de l'homme, et qui, après la disparition de la divine figure, alla s'asseoir dans un bosquet, à quelques pas, comme en contemplation devant celui duquel il venait de naître qui, étendu, immobile, beau, souriant, allait peut-être ouvrir ses yeux fermés, se remettre debout, l'apercevoir, s'élancer vers lui et tomber à ses pieds en poussant une exclamation inconnue que les échos répéteront jusqu'au dernier soupir de l'humanité.

La pensée du second être devait ponctuellement se réaliser, car le premier ouvrait en effet les paupières, commençait à agiter les membres et, arrivé sans doute à la fin de son rêve comme à la fin de son sommeil, reprenait la position verticale, tournait par instinct ou par tout autre raison qui nous échappe, la face du côté du second, l'apercevait, s'élançait vers lui et tombait à ses pieds en s'écriant : Eve, je t'aime!... La femme était nommée ; Dieu était oublié!

A dater de la lune ou du soleil qui vit l'union du premier couple humain, tout ce que les animaux éprouvent, souffrances et jouissances, fut éprouvé par l'humanité : Adam et Eve eurent froid, chaud, faim, soif, etc... Ils eurent des joies intimes au milieu de leurs tendresses, des souffrances horribles au jour de l'enfantement. L'homme consterné souffrait autant que la femme en travail... Ce fut dans un moment de tristesse et de douleur qu'Adam se ressouvint des paroles de son Créateur, qu'il mesura l'étendue des biens perdus, qu'il en fit part à sa compagne ainsi que de ses appréhensions. Eve, née mortelle, comprenait à peine l'immortalité, surtout l'invulnérabilité dont avait été revêtu son époux; aussi, calme, douce et résignée, faisait-elle mille efforts pour arracher Adam à ses sombres pensées, à des accès de colère ou de mélancolie. Elle y réussit en partie, grâce à la voix enchanteresse, aux charmes séduisants dont celui qu'Adam ne nommait plus que son Seigneur et son Dieu l'avait douée. Et l'homme et la femme subissant la loi commune, certains toutefois d'une royauté transmissible à leurs enfants, sur tout ce qui existait autour d'eux visiblement, donnèrent le jour à des rejetons et leur inculquèrent, ce que ceux-ci ont transmis au monde entier, l'idée, la connaissance de Dieu!

Les paroles dont le souvenir faisait frissonner Adam de terreur après son réveil dans les bras d'une femme, sont bien les paroles d'un Dieu, du Créateur de toutes choses! Le monde entier les a gravées dans son esprit, et jusqu'à la fin des siècles les enfants des hommes les retiendront, persuadés qu'un Dieu n'a pu tromper sa créature, que l'âme humaine est bien réellement immortelle, qu'elle est d'essence divine et qu'elle retourne, au moment de sa séparation d'avec le corps, à son principe, au bonheur immense, à Dieu lui-même!

De cette foi découle la raison des divers cultes voués à Dieu par l'humanité; cultes dont il est facile de reconnaître la nécessité et le but, mais dont le plus vrai, le plus beau, le plus agréable au Créateur, est incontestablement celui qui inspire la crainte de Dieu, l'amour du prochain, la soif du beau, la pratique du bien ; celui qui, par un enchaînement admirable, nous montre le doigt de Dieu conducteur de l'humanité dans toutes les phases qu'a traversées celle-ci depuis la déchéance de l'homme immortel, et nous laisse la foi dans la divine lumière pour nos descendants jusqu'à la dernière transformation, jusqu'au couronnement de nos destinées.

O Dieu ! nous savons bien que vous avez menacé l'humanité de rejeter telle ou telle de ses parties qui, en vertu du libre arbitre, aura forfait durant la vie terrestre, et cela d'une manière absolue, à l'honneur, à la justice, à la fraternité ; de rejeter l'impie, l'athée, le méchant ; mais nous avons foi en votre sagesse, en votre bonté, et nous avons le ferme espoir que, vous qui savez tout, jusqu'aux plus secrètes pensées de nos cœurs, vous trouverez en dehors du jugement des hommes, une étincelle de pureté dans toute âme humaine et qu'un jour, au jour marqué par votre sagesse éternelle, vous replacerez, non pas une parcelle de l'humanité, mais l'humanité toute entière, non plus dans un espace limité, mais dans votre domaine, dans votre immensité, avec son auréole d'immortalité.

LA PATRIE

I

Nous avons vu dans le chapitre précédent comment Dieu a créé l'homme à son image, comment l'homme déchu a été la source de l'humanité, le premier de la population du globe terrestre ; nous avons également fait pressentir les obligations de l'homme envers sa race, ses devoirs envers son Dieu : Nous allons présenter dans ce chapitre le tableau de la patrie, comment, à notre sens, l'idée en est venue aux hommes, comment elle a été constituée, et dire ensuite quels sont les devoirs de l'homme envers elle.

Nous n'avons point l'intention de faire un livre, de repasser nos auteurs, de prendre des notes, de citer des passages, de faire un long commentaire de l'histoire des nations ; nous voulons maintenir à cette esquisse les proportions d'une brochure, avec le ton et le langage de la raison, d'une saine philosophie et de la vraie religion ; persuadé que nous serons ainsi un faible écho de voies plus autorisées, un des révélateurs des pensées intimes de l'immense majorité de la population française, peut-être, et c'est là notre plus cher désir, l'un des petits moralistes instructeurs du peuple, de ce peuple émancipé si malheureux dans son enfance, si héroïque dans ses souffrances, si glorieux dans ses labeurs, si rudement éprouvé de nos jours encore, mais délivré des lourdes chaînes de l'esclavage spirituel et corporel, libre désormais de ses destinées, revenu à la condition première d'Adam déchu, sans autre supérieur que Dieu, sans autre ordonnateur que sa raison, sans autre régulateur qu'une législation qui tend à devenir de plus en plus sage, que la religion ou la vérité révélée et sa conscience, sans soumission à d'autres devoirs que ceux nés de son origine et de la société désormais fondée.

Nous ne sommes ni un savant, ni un inspiré, ni un athée, ni un voltairien, ni un libre-penseur, et s'il venait à la pensée de quelqu'un de nous affubler de l'une ou de plusieurs de ces épithètes, nous répudierions là ou les épithètes et nous renierions son ou ses auteurs : Nous sommes citoyen d'une grande nation, membre d'une grande famille ; nous sommes par dessus tout chrétien ; oui, chrétien ! n'en déplaise aux tartufes, aux bigots, aux faux dévots, aux fanatiques, à toute la kyrielle des intéressés à conserver une domination, une suprématie quelconque ! Nous sommes chrétien et citoyen, rien de plus, rien de moins ; chrétien jusqu'à mourir pour notre foi ; citoyen jusqu'à mourir pour la patrie ! Et comme nous trouvons qu'il y a corrélation dans les devoirs de l'homme envers le Créateur et la patrie, nous allons dire aussi comment nous comprenons ces devoirs et comment nous croyons bon de les pratiquer.

La première famille humaine savait que l'empire de la terre et des mers lui appartenait, mais les besoins de tous les instants plutôt que la curiosité, la faisait se mouvoir au milieu de son empire dans un cercle de plus en plus étendu ; aussi croyons-nous qu'Abel et Caïn, chacun aidé de ses enfants, se partagèrent le sol exploité, c'est-à-dire les arbres et les plantes qui produisaient la nourriture commune, et n'en vinrent à se haïr, à se faire la guerre que lorsque les uns eurent reconnu que le sol tombé en partage aux autres était mieux entretenu, par conséquent plus fertile ; de là, des plaintes, des récriminations, que les raisonnements du père Adam et les tendresses de la mère Eve ne parvenaient pas toujours à faire taire ; des colères que les mêmes raisonnements et les mêmes tendresses ne parvenaient pas toujours à dissiper.

Il est admissible que l'inégalité d'un premier partage du sol exploité était due au pur hasard, et nous devons penser ensuite que le tempérament et le caractère des deux premiers frères différaient assez pour donner à l'un, Abel, plus de soumission aux avis paternels, plus de persévérance, de zèle, d'aptitude dans la culture; à l'autre, Caïn, plus de turbulence, d'activité dans les explorations, de courage à braver le danger, d'adresse à l'éviter, ce qui lui faisait négliger ses cultures probablement moins bien exposées, par suite, moins productives.

Les plaintes, les récriminations, les colères des deux fils d'Adam devaient avoir une conséquence terrible, devaient aboutir à la première séparation radicale de deux portions de l'humanité.

Un jour de travail assidu, de récolte magnifique et abondante, Abel fut surpris par Caïn offrant au Seigneur les plus beaux fruits de sa cueillette, le remerciant à deux genoux, les mains jointes, élevées et de vive voix, de sa bonté pour les joies que lui, Abel, allait causer à de vieux parents, à la famille. Caïn mordu au cœur par une jalousie extrême, cédant à la haine qui s'amassait en lui, à une trop prompte et trop vive colère, brandit l'épieu qui lui servait ordinairement d'arme et de soutien, en asséna un coup brutal sur la tête de son malheureux frère en poussant une exclamation sinistre, et demeura comme pétrifié quand il vit le sang jaillir de la blessure faite à Abel, quand il vit le corps de son frère tomber comme une masse inerte, avoir deux ou trois convulsions et présenter tout à coup l'image de la mort!...

Il n'est pas probable que l'assassin se soit acharné sur sa victime, qu'il ait désiré lui donner la mort, qu'il ait voulu ravir à la famille un membre dont il était jaloux, mais dont il était fier peut-être! Il est plutôt admissible que Caïn revint bientôt au calme, à la raison, qu'il se livra au plus violent désespoir, qu'il appela éperdûment son frère, qu'il couvrit son corps de caresses, qu'il s'évanouit sur le théâtre de son crime, qu'il s'y roula, entrelacé avec un cadavre, dans le sang et la boue.

La famille vint-elle ranimer Caïn ou celui-ci, revenu à lui, courut-il confesser son crime à cette famille qui allait être tant attristée? Nous l'ignorons sans doute; mais il est probable que les cris, les pleurs, les menaces, les reproches amers que les échos étonnés portaient pour la première fois jusqu'au fond de l'antre des fauves, allaient annoncer une dissolution, une séparation. Dieu veuille que ces cris, ces pleurs, ces menaces, ces reproches amers, n'aient point été suivis d'une malédiction qui aurait son effet jusqu'à la consommation des siècles! Il est plus consolant pour l'humanité de penser que la jeunesse des enfants de Caïn, ne pouvant s'associer plus longtemps aux pleurs, aux regrets, aux soupirs entrecoupés de sanglots, de leurs grands parents, désirant ramener un peu de sérénité sur le front vieilli, dans l'esprit taciturne de leur propre père, ces enfants se décidèrent à arracher leur père et leur mère au tableau navrant du squelette, des os blanchis du malheureux Abel, à se soustraire eux-mêmes aux gémissements du reste de la famille, à aller en un mot conquérir une autre patrie sur une nature rebelle, déjà peuplée de bêtes de toutes sortes, en emportant toutefois la bénédiction d'Adam et d'Eve, les bons souhaits et le souvenir des tendres adieux de leurs cousins.

II

Maintenant que nous avons assisté à la première séparation d'une portion de la société primitive, nous pouvons nous rendre compte des luttes de l'homme avec la matière, les éléments, les bêtes; de sa conquête des diverses parties du globe qu'il a successivement habitées, des modifications survenues dans sa stature, sa couleur, par suite des nouveaux climats et du genre de nourriture que lui offraient ces climats; du génie particulier des peuples, du degré de civilisation auquel sont arrivés ceux qui nous sont connus, des limites ou frontières naturelles ou fictives assignées par les peuples aux pays soumis à leur domination, des mœurs disparates, de la multiplicité des sortes de langages, des guerres entre tribus d'abord, entre peuples ensuite, en un mot, de la confusion de toutes choses.

Plaignons et ne blâmons pas trop les hommes des temps primitifs; reconnaissons le doigt de Dieu dans les grandes crises, dans le déluge universel, dans la destruction complète ou partielle de certains peuples, dans la conservation de la foi pure chez un petit peuple appelé peuple de Dieu, dans la venue du Messie, dans sa sainte mission, dans la conversion des Gentils, c'est-à-dire de tous les peuples de la terre; de la fraternité des peuples au banquet de la communion, dans la charité, dans l'anéantissement des dominations temporelles qui ont eu la folie de se soustraire à l'unique domination du Créateur pour satisfaire un orgueil insensé, pour entraîner l'humanité sous le joug inventé au profit d'une caste.

L'histoire des siècles passés nous révèle assez l'amour de la patrie dans les révolutions des empires; l'amour de la patrie nous révèle assez l'existence de celle-ci; notre patrie même, dans son histoire particulière, nous dit bien haut qu'elle existe, qu'elle subsiste par l'attachement, le courage, l'indépendance. le génie de ses enfants! Bornons-nous donc à reconnaître notre chère patrie, à la glorifier dans ses luttes passées, à la bénir dans ses efforts incessants, à l'étudier dans ses aspirations et ses besoins présents, à la garder intacte, à la défendre contre l'étranger, contre cet autre ennemi non moins dangereux, l'invasion des utopies, des sophismes, des erreurs de toutes sortes, à la maintenir au rang de flambeau des Nations! Ce devoir accompli, nous aurons bien mérité de Dieu, de la patrie et de l'humanité; et les autres nations du globe, si elles ne nous ont surpassé, marcheront bientôt de pair avec nous.

O France! il t'a fallu des siècles pour te constituer, affirmer ton existence, t'asseoir au premier rang parmi les nations; tes frontières tantôt resserrées, tantôt reculées jusqu'aux mers, aux monts et aux fleuves que la nature semble avoir coördonnés pour tes limites, tantôt reportées beaucoup au-delà pour faire sentir le poids de ton glaive aux nations ennemies, ou subissant l'enthousiasme, l'entraînement de tes enfants, alors que l'un d'eux, génie supérieur, ambition démesurée, eût voulu te faire grande comme le monde, puissante comme les armes de l'humanité toute entière! tes frontières disons-nous, étaient telles hier et seront telles demain que notre orgueil national en sera satisfait et que notre patriotisme, contenu par le respect inspiré des nations, peut, dès aujourd'hui, se tourner tout entier vers la connaissance de nos devoirs envers toi, vers l'étude de tous les problèmes posés par la nécessité, vers l'amélioration des systèmes mis en vigueur et vieillis, vers l'annihilation des esprits tyranniques et dominateurs, vers l'élévation des pauvres et des humbles, vers la répartition égalitaire du travail et des charges, vers le gouvernement de tous par tous.

Ah! je me représente un humble village, une toute petite commune élisant son Maire et son conseil municipal, nommant une commission pour l'étude des travaux utiles à exécuter, pour la surveillance dans l'exécution des travaux, pour la répartition de l'impôt, possédant un temple, une double école où les enfants des deux sexes acquerraient, de gré ou de force, l'art, la science et l'amour du travail, où des professeurs obligés seraient les hommes les plus habiles de la commune, où toutes les aspirations seraient secondées, où le rôle du gouvernement serait réduit à l'inspection, à l'encouragement. Je me représente en même temps toutes nos communes ainsi administrées, se donnant la main, formant cet admirable faisceau que garde la Providence, que la puissance divine seule pourrait rompre à jamais, et je m'écrie:

O France! tu es la reine des nations civilisées! tu portes en ton sein le dernier espoir, plus que le germe de la bonne nouvelle, la bonne nouvelle elle-même, l'ère de la paix, de l'instruction, de la fraternité universelles!

O France! ma patrie! tu as fait des pas de géant vers l'édification du gouvernement rêvé par tous les Français, désiré, à la forme près, par leur immense majorité; mais il te reste beaucoup à faire! Puisse ton génie demeurer droit et juste! Puissent tes efforts dans la bonne voie être couronnés de succès! Puisse ta foi conserver l'harmonie qui existe dans les cœurs et donner à tes enfants, jusqu'à la fin du monde, la force nécessaire à la défense, à la conservation, à l'extension, jusqu'aux dernières limites, de leurs droits et de leurs libertés!

O Français! nous nous sommes armés du suffrage universel; la justice et le droit nous portaient à cet acte. Ne nous dessaisissons jamais d'une arme qui a déjà remis au jour des droits annihilés ou méconnus, amélioré bien des conditions et qui prépare le règne de la sagesse et de la justice parmi nos enfants! N'oublions jamais que nous avons et devons maintenir nos droits, établir définitivement le règne de la justice au moyen du suffrage universel; que notre devoir est de nous instruire, de nous éclairer, de nommer à toutes les fonctions des hommes éprouvés, capables, parfaitement honorables, aux idées démocratiques les plus larges, et choisis autant que possible dans le giron de nos connaissances, dans la circonscription où nous sommes appelés à voter.

Demandons-nous constamment, dans nos conversations particulières, dans nos réuuions, dans le silence de la réflexion, ce qu'il nous reste à conquérir, quels sont les hommes assez bien doués pour nous représenter; n'hésitons pas à blâmer les abus, la faveur, à réclamer l'instruction égale pour tous, les concours publics, la réduction des charges au strict nécessaire, aux besoins de la patrie; soyons enfin des citoyens dignes d'une grande nation, toujours prêts à entrer dans des fonctions méritées, à entreprendre et mener à bonne fin des travaux particuliers, à nous montrer dans l'amour de la famille, dans le zèle à remplir tous nos devoirs envers Dieu, envers l'humanité et envers la patrie!

Avec l'instruction et les moyens de l'acquérir, la plus petite des communes peut atteindre le plus haut degré de civilisation; avec des citoyens égaux, unis, bienveillants entr'eux, instruits de tout et sur toutes les connaissances, la plus petite des communes peut fournir à l'Etat des hommes susceptibles de déplacement, officiers, administrateurs, artistes, ouvriers, moralistes, etc..., et participer ainsi, suivant sa richesse intellectuelle et morale, au progrès, au bonheur relatif de toute la population française.

Nous en avons dit assez pour représenter à l'esprit de chacun le tableau des tendances des enfants de notre patrie, la conscience que nous avons de nos droits et de nos devoirs, ce que nous avons fait, ce que nous sommes décidés à faire encore pour le bien commun : heureux les hommes placés à la tête de nos affaires, les hommes de gouvernement, s'ils nous ont compris, s'ils partagent nos convictions, s'ils obéissent à ces convictions, s'ils travaillent à mériter de plus en plus notre confiance, s'ils s'appliquent à gagner nos suffrages, à marcher vers le but glorieux que leur assigne la patrie !

Il nous reste à glorifier nos aïeux dans leur courage, dans leur persévérance, dans la conquête et le défrichement du sol qui nous a vus naître, qui nous verra presque tous mourir ; ils ont fait la France grande et forte, Dieu l'avait merveilleusement préparée ; et nous, leurs descendants directs, leurs héritiers, nous continuerons, malgré des défaillances récentes, leur œuvre de défrichement, de construction, de décoration du sol, d'édification de monuments attestant notre foi, notre science, notre force, notre sagesse, notre vertu ; nous continuerons leur œuvre d'union et de conciliation parmi les membres de la grande famille, leur œuvre d'expansion au dehors des lumières utiles à l'humanité toute entière ! La France fut la patrie de nos aïeux, elle est notre patrie ; nous l'aimons comme l'aimaient nos aïeux, nous la servirons comme ils l'ont servie, nous la défendrons comme ils l'ont défendue dans ses plus petites dépendances, jusqu'à la mort !

LA FAMILLE

Dans une société organisée comme la nôtre, le but de la famille est d'élever des enfants, de leur donner les notions du bien et du mal, de leur inspirer la crainte de Dieu, l'amour de l'humanité, de les habituer au devoir, de les préparer aux travaux rémunérateurs, à la défense de la patrie, des libertés publiques et à la libre jouissance de tous les biens naturels honorablement acquis.

Un jour, peut-être, les conditions de notre société seront changées ; l'Evangile, interprété à la lettre, sera la seule loi, et les hommes, vivant en commun, offriront le magnifique spectacle d'une république universelle ; mais ce jour est tellement éloigné par l'évidence des impossibilités matérielles, que notre devoir est d'en peu tenir compte et de décrire la famille comme la première, la dernière, la plus belle institution.

Nous n'avons pas à revenir sur la première famille humaine, encore moins à rechercher ce qu'était la famille à tel ou tel âge du monde: nous avons à faire le tableau de la famille dans notre société française, à rechercher le type de la famille vraiment honorable, chrétienne, et à donner ce type comme un exemple bon à suivre, un modèle à imiter le plus possible, car c'est de la bonne famille que découle la bonne société, de la bonne société que découle la force et la grandeur d'une nation.

Nous imaginons un citoyen, marié d'après la loi civile du pays, d'après la loi morale universelle, à une femme qu'il a pris pour compagne plutôt que pour esclave ou servante, à une femme digne d'être associée à ses travaux, à ses peines, à ses périls, à ses joies comme à ses afflictions; un citoyen, père de plusieurs enfants, soucieux de ses devoirs envers Dieu, envers la patrie, envers la famille... Ce citoyen conserve le patrimoine paternel et maternel, l'augmente selon ses forces, son activité, son intelligence, tout en demeurant dans le cadre tracé par la justice et l'honneur. Il élève ses enfants suivant ses moyens moraux et pécuniaires, l'Etat n'étant pas encore constitué de façon à mettre gratis à la disposition du père de famille les éléments d'instruction, laissant à la femme les soins du premier âge et le soin continu de l'éducation, de l'instruction morale et religieuse que viennent compléter la fréquentation du saint lieu et les avis d'un sage pasteur. Le père dans ses loisirs joue avec les enfants au berceau, au sortir des langes pour essayer leurs premiers pas dans l'atelier, dans le laboratoire ou dans le cabinet de travail; il sourit aux efforts de la mère, aux progrès de ces jeunes intelligences, et quand il a trouvé dans ses enfants des élèves attentifs et bien préparés, il continue léur éducation virile, leur instruction nécessaire, les dispose à l'étude, au travail, et sans quitter jamais le premier rôle des avis et des conseils, il ne lés abandonne à eux-mêmes, à la patrie, qu'autant qu'ils ont acquis une force, un courage, une instruction, un savoir faire quelconque, si non supérieurs du moins égaux à ses propres mérites! Encore ne livre-t-il ses enfants à la liberté qu'en leur recommandant l'exemple d'une vie de labeurs, de titres honorables, qu'en se dépouillant d'une partie de ses biens pour leur donner l'assiette dans la société, pour leur faciliter la réussite dans la création d'une nouvelle famille. Voilà ce que fait le bon père, le bon citoyen! et celui-là a bien mérité de Dieu, de la patrie et de l'humanité! de Dieu, en lui offrant des fils reconnaissants et soumis à ses volontés ; de la patrie, en lui offrant des hommes nouveaux pleins d'attachement, des défenseurs au besoin ; de l'humanité, en lui offrant des jeunes frères animés des sentiments de justice, de charité et d'honneur!... Quand la dernière heure viendra pour un tel citoyen, pour ce père dont la carrière si dignement remplie restera comme une image, un saint exemple de la plus belle famille française et chrétienne, le sommeil de la mort se substituera à la vie, avec le calme, la sérénité, le naturel habituels du sommeil du repos après une longue fatigue ; et les membres de la famille dispersée, chefs à leur tour de nouveaux foyers ornés des vertus héréditaires, béniront la sagesse infinie du Créateur en gardant religieusement le souvenir de l'aïeul décédé.

Nous avons besoin de placer ici quelques mots au sujet des noms, *chrétien, chrétienne, christianisme*, que nous employons volontiers dans le cours de cette narration : il ne faudrait pas croire que nous excluons de Dieu, de la patrie, de la famille, comme incapable d'adorer Dieu, de servir la patrie, de créer la famille, tout ce qui rejette le nom chrétien. Eh ! d'abord, le nom chrétien est-t-il réellement rejeté ? Les protestants comme les catholiques se disent chrétiens, les israélites instruits sont bien près de le devenir, et nous connaissons tel israélite qui vit plus chrétiennement que bien des anciens soldats du St-Père. Il est vrai que beaucoup de chrétiens se disent francs-maçons, libres-penseurs, philosophes, athées, matérialistes, voltairiens, etc... Tout cela est plus apparent que réel, plutôt dit par esprit de caste, de bande à part, de mauvaise humeur, de jalousie, d'envie ou de haine, à cause de certains scandales, que par répudiation du nom chrétien ; nous affirmons même que dans toutes les sociétés, dans toutes les familles où se pratique une religion appelée autrement que christianisme, le Christ y est vénéré, admiré, adoré! Le Christ, en effet, est une grande figure! et s'il n'est pas partout indistinctement appelé *le Sauveur du monde, le fils du Dieu puissant, fait homme pour mourir et nous racheter de la mort éternelle avant sa glorieuse résurrection et son ascension dans le ciel, c'est-à-dire dans l'infini de Dieu*, il n'en est pas moins considéré comme le type de l'humanité parfaite, comme le sage des sages, l'homme incomparable qui ne fut jamais avant, qui ne sera plus jamais, l'Homme-Dieu, enfin !

On le voit, si le nom chrétien touche désagréablement le timbre de quelque oreille obtuse, il n'en est pas moins vrai qu'il est applicable, tel que nous l'entendons, à quantité de familles françaises qui, sans s'en affubler, pratiquent chrétiennement les vertus domestiques et les vertus civiques.

Nous allons maintenant donner des exemples de familles connues, étudiées comme étant le meilleur moyen de décrire la famille, de la présenter sous son plus bel aspect, de la faire aimer et rechercher par tous les esprits droits et de lui conquérir le respect de tous ; c'est par là que nous devrons finir.

II

Monsieur A... avait hérité de son père, d'une belle propriété sur les bords de la Dordogne, entre Libourne et Saint-André de Cubzac ; d'une intelligence sinon supérieure, du moins à la hauteur d'une bonne exploitation de sa terre ; d'un esprit d'ordre et d'économie, d'une raison droite, d'un tempérament robuste, d'une nature serviable, d'une foi inébranlable en son Dieu, en la vie éternelle et d'une opinion politique conforme aux aspirations, aux besoins de la patrie.

Monsieur A... eut quatre enfants, deux filles et deux garçons. L'aîné des garçons fut fait agriculteur et le second poussé vers une profession libérale. Les deux filles furent mariées, l'une à un honorable industriel, l'autre à un officier supérieur de l'armée de terre. En homme sage, en bon chrétien, monsieur A... avait dirigé l'éducation de ses enfants et cédé peu à peu à leur inclination. A sa mort, monsieur A... eut la dernière consolation de voir et entendre ses enfants et ses petits-enfants réunis autour de son chevet, le bénir, le louer d'une vie bien remplie, d'une sage prévoyance, d'un amour véritable de la famille qui lui avait fait partager ses dons à des fils reconnaissants, selon le besoin de ses fils et les règles élémentaires de la plus stricte justice ; sans se préoccuper autrement des biens qu'il laisserait après lui. Aussi, monsieur A... rendit-il son âme à Dieu avec la foi et la sérénité d'un serviteur qui a bien rempli son mandat.

Un tel exemple devait porter ses fruits :

L'aîné des enfants acquit à terme la terre échue en partage à son frère et à ses sœurs, se mit résolument au travail, améliora ses cultures, défricha jusqu'au plus mauvais sol, multiplia les produits des races bovine, ovine, porcine, chevaline, des volatiles, afin d'obtenir un engrais suffisant ; fit des prairies artificielles, acquit les instruments en rapport avec la science et la production agricole modernes, et, tenant compte des encouragements justement mérités, décernés dans les concours, des débouchés ouverts par la navigation fluviale et les voies ferrées, amena son exploitation à un degré de prospérité qui lui permit de liquider sa dette, de demeurer seul propriétaire du patrimoine paternel, d'élever à son tour une famille qui se trouvera un jour à la tête d'une fortune triplée si non quadruplée.

Le second fils put terminer ses études, passer d'heureux examens, compléter son instruction par quelques voyages, la fréquentation d'une société d'élite, grâce aux largesses paternelles, aux biens recueillis en héritage, et devint un avocat distingué dont la place est marquée sur les bancs du palais Bourbon attendant un mandat législatif. Le maître ès-lois est devenu gendre de l'une des illustrations de la patrie et promet également une lignée de citoyens utiles et honorables.

Quant aux sentiments que professent les fils de M. A..., ils sont identiquement les siens : Le premier, né sous Louis-Philippe, a vu la République et l'Empire qui le fit d'abord soldat, qui l'envoya éprouver son courage sur les hauteurs de Solférino, qui le fit sous-officier et le rendit heureusement à sa famille, plus robuste, plus ouvert, plus entreprenant ; il s'est depuis attaché à ses travaux ; il aime la Patrie, la Liberté par dessus tout.

Le second fils appartient à cette classe d'avocats, esclaves du droit et de la liberté, qui veut la répudiation des révolutions sanglantes, l'édification de tous les droits, de toutes les libertés par les moyens pacifiques ; qui veut la restriction de l'emploi de la force armée à la seule défense de ces droits et de ces libertés ; qui veut et qui obtiendra de par la vérité, le savoir et une sublime éloquence, la destruction complète de la trame déjà noyée aux trois-quarts des abus et des priviléges !

Passons à un autre exemple :

Le vent de février soufflait sur la France et particulièrement très froid, entre Brissac et Thouarcé dans le département de Maine-et-Loire, un jour de l'année 185..., tandis qu'un jeune ouvrier se rendait à pied chez un nouveau patron établi à Thouarcé et qui l'avait fait demander à Angers. Il faisait nuit quand notre voyageur descendit la colline qui longe le Layon, quand il se trouva tout-à-coup en face d'un cimetière, cette demeure des morts qui lui annonçait la proximité de la demeure des vivants. Il s'arrêta, fit une courte prière dans laquelle il demanda la fin d'un long voyage, la rencontre d'un bon patron, d'un travail abondant et rémunérateur ; ses vœux furent exaucés :

Le père B... reçut son nouvel ouvrier avec des marques de satisfaction ; il l'eut bientôt mis au courant de ses travaux et se trouva tout heureux d'avoir rencontré plus qu'un aide, un compagnon intelligent, honnête, laborieux, qui pouvait le suppléer.

Le père B... était veuf; il avait trois filles dont l'une, mariée à un maître bourrelier, faisant parfaitement ses affaires, et les deux autres demeurant avec lui. Louise et Esther comme se nommaient ces dernières, bien élevées, demi bourgeoises au dehors, ménagères au dedans, réunissaient à des qualités morales vraiment remarquables, une intelligence, un ordre, une économie, une propreté, un entendement louables en tous points. Elles étaient pieuses, soumises et respectueuses envers leur père, bonnes et charitables envers le prochain.

Louise, moins jolie femme qu'Esther, mais plus douce, plus aimante, plus résignée dans la souffrance, ne tarda pas, sans le rechercher toutefois, à attirer l'attention et les regards du jeune ouvrier. Quand celui-ci eut découvert en Louise une femme vraiment forte et vertueuse, dont la douceur était bien plutôt le fruit d'une bonne éducation que l'indice d'un tempérament lymphatique, d'un caractère faible, il en fut touché au cœur, et ses sentiments désormais l'emportaient malgré lui vers un abîme de tendresse, d'espoir et de crainte : de tendresse, pour une femme aimée, d'espoir de l'épouser, de crainte de n'être pas agréé.

Un instant le jeune compagnon, sorti lui-même d'une honorable famille de travailleurs du Midi, crut s'être trompé dans ses appréciations sur la véritable valeur de celle qu'il aimait en silence; il alla même jusqu'à s'outrer d'un sentiment dont il n'était plus le maître, tant Louise lui en parut indigne un soir qu'après le coucher de toute la famille B...; il la vit, de la fenêtre de son cabinet dans la mansarde, sortir de la maison, enveloppée d'une mante, une lanterne sourde à la main et se diriger rapidement en rasant les maisons vers une grande place plantée d'arbres et disparaître dans une allée.

Si nous écrivions un roman, nous dirions combien le cœur du malheureux ouvrier souffrit des pensées roulantes dans son imagination, lui qui, tout-à-l'heure encore, levait les yeux au ciel, cherchait l'image de Louise parmi les étoiles et lui faisait un tapis des nuages argentés!

L'absence de la jeune fille dura trois longues heures; le jeune homme avait attendu. Elle se renouvela durant six semaines. Le jeune homme était devenu sombre, haineux; la jeune fille conservait son calme, sa fraîcheur, ses yeux seuls paraissaient un peu fatigués de la privation de sommeil... Le jeune homme voulut un jour partir, quitter l'Anjou; Louise qui le savait rangé, sage, voire même studieux, car le destin de l'ouvrier intelligent est souvent de s'instruire seul, qui l'estimait par conséquent et qui savait que son père en avait besoin, lui demanda la cause de son départ. Ils étaient seuls dans l'atelier. L'ouvrier balbutia, puis la franchise d'un cœur droit et religieux reprenant le dessus, il avoua à la jeune fille qu'il l'aimait, qu'il avait conçu le dessein de l'épouser, mais que sa conduite, etc... Louise rougit, sortit lentement de l'atelier en répondant avec sa douceur ordinaire : « C'est mal à vous de m'avoir épiée; n'en dites rien à mon père ; ma conscience ne me reproche rien. » Le jeune homme attendit, voulut avoir le cœur net de rendez-vous qu'il croyait galants ; il apprit bien vite, en effet, la mort d'une pauvre veuve, sans enfants, que Louise allait veiller et soigner toutes les nuits par amour du prochain, par pure et simple charité... Bondir, courir se jeter aux pieds de Louise, lui demander pardon, lui demander sa main, lui promettre une vie de tendresse et de dévouement, tout cela fut fait par le jeune ouvrier en moins de temps qu'il n'en faut pour le raconter.

Une année s'était à peine écoulée : le père B... mariait ses deux dernières filles le même jour, Louise à son jeune compagnon, Esther à l'Instituteur de la commune. Le père B..., qui avait eu un ménage modèle, disait naguère encore avec satisfaction : « Je suis un vieillard ; dans quelques semaines peut-être j'irai rejoindre ma brave femme et lui donner des nouvelles de ses trois filles, de mes nombreux petits-enfants, et l'assurer que mon successeur l'instituteur et le bourrelier sont trois bons citoyens, trois bons époux, trois bons pères de famille. » En mourant il leur a laissé un bon pécule.

Le père B... avait salué la Révolution de 1830, appelé de tous ses vœux celle de 1848, renié l'Empire avec la conscience d'un honnête homme. Il appartenait à cette classe d'ouvriers qui demeurent ouvriers par esprit d'indépendance, qui ont de l'instruction, qui peuvent aspirer à une place, mais qui préfèrent la famille et la propriété acquises par le travail dans un métier, aux bénéfices, aux honneurs et aux pensions des soldats et des employés.

Donnerons-nous comme troisième exemple la vie de cet honorable Périgourdin qui, simple ouvrier typographe, vint s'établir à Paris, y fonder la solidarité, et parvint à force de travail et d'économie à acquérir une imprimerie, à entreprendre de grands labeurs, à créer l'un des mieux outillés, l'un des plus vastes établissements que nous ayions ? Dirons-nous qu'il avait associé tous ses ouvriers aux bénéfices de l'établissement, et que tout en faisant une fortune particulière, il a donné l'aisance, le bien-être, la fortune aussi quelquefois à des milliers de familles ?...

Nous pourrions ne pas nous arrêter en si beau chemin ; peindre au moins une famille dans chaque classe de la société ou plutôt dans toutes les conditions sociales; nous préférons nous en tenir là et dire en thèse générale que nous regrettons qu'il y ait encore des classes dans notre société, bien que ces classes n'aient leurs lignes de démarcation infranchissables pour aucun citoyen français; nous voudrions que tout, excepté la fortune qui ne peut être également divisée, fût en partage aux citoyens : L'instruction primaire et supérieure, la faculté de concourir pour tous les emplois, tous les grades, d'annihiler la faveur, de tuer à jamais les abus. L'instruction et la morale aidant, ce ne serait plus le tableau d'une ou de plusieurs familles que nous aurions à donner en exemple au reste de la Nation, mais bien le tableau vivant, majestueux, grandiose, d'une unique famille, de la grande, de la glorieuse, malgré des revers récents, inouïs, de la généreuse famille Française, que nous aurions à présenter aux Nations!

LA RÉPUBLIQUE

I

Nous nous sommes reporté à la source de l'humanité; nous avons assisté par la pensée à la première séparation des familles, nous nous sommes rendu compte des pérégrinations de l'homme sur le globe terrestre, de ses luttes et de ses travaux pour arriver à s'approprier un pays, une contrée, à se créer une patrie.

Nous avons ensuite fait l'apologie de notre propre pays et donné le degré de civilisation du peuple français en mettant en relief les vertus solides de quelques familles.

Il nous reste maintenant à étudier quelle est la forme de gouvernement qui convient le mieux à nos aspirations, à notre patriotisme, à nos besoins; c'est ce que nous allons faire :

Etant donné une société compacte comme la nôtre, dans laquelle la famille s'est conservée, a grandi; une société qui a pu briser les liens de l'esclavage, proclamer l'égalité devant la loi, le suffrage universel, affirmer la démocratie comme la plus belle institution, la famille comme la pierre d'achoppement du droit, comme l'exemple le plus digne de respect, il serait à souhaiter que tous les chefs de famille fussent également éclairés et décidés à faire en commun ce qu'ils font en particulier.

La Famille n'est-elle pas à la société ce que la commune est à l'Etat? La Commune élisant son Maire et son Conseil municipal doit gérer ses affaires avec l'indépendance du chef de famille, nulle commune n'a le droit de s'immiscer dans les affaires d'une autre commune; les grandes institutions politiques seules, telles que la milice, les fonctionnaires et l'impôt, embrassent toutes les communes au même degré et forment ce faisceau, cette unité, dont le monde a tant besoin, que l'on appelle la nationalité française.

Étant donné cette nationalité subdivisée en plus de 40,000 communes également dotées, également indépendantes dans l'administration locale, également imposées en hommes, en produits, en valeurs quelconques, au prorata des chiffres de population, de produits, de ressources, il est facile d'imaginer une tête, un centre, un foyer, librement consentis au moyen du suffrage universel, d'où partiraient tous les courants donnant la vie à ce grand corps que l'on appelle gouvernement, administration; gouvernement simplifié, administration réduite à une inspection stimulante, au rôle de commissariat des intérêts généraux, de ministère des grands déplacements et des grands travaux. La tête, le centre et le foyer dont nous parlions plus haut ne sauraient être dans ces conditions, qu'un maire des maires, président élu des élus de la nation, et une capitale, foyer de toutes les lumières, de tous les progrès, école de tous les esprits supérieurs.

A la suite de désastres récents non irréparables, la France a voulu rester France, c'est-à-dire libre de ses destinées, en dépossédant de sa couronne le dernier homme, pensons-nous, qu'elle aura eu la folie de couronner. Elle s'est recueillie, et comme l'équipage d'un navire qui aurait failli sombrer par la faute d'un mauvais pilote, elle a repris le commandement, choisi parmi ses enfants ceux qui lui ont paru les plus dignes des postes d'honneur, pansé ses plaies, et pendant que se cicatrisent ses nombreuses blessures, organisé un commencement de véritable, de profitable à tous, de seul légitime gouvernement, le gouvernement de la République!

Nous savons bien que ce mot « République » sonne mal aux oreilles de tous les prétendants à la couronne, à une liste civile; de tous les prétendants aux grasses pensions, aux cols enrubannés, aux épées damassées de salon, aux barettes de cardinal, aux appellations de Majesté, d'Altesse, Monseigneur, Eminence, Excellence, etc..., aux oreilles des nombreux parasites, mendiants et valets dorés, plats et rempants devant leurs révérendissimes, insolents et puants devant un peuple bénin de la lie duquel ils sont souvent tirés. Le mot « République » sonne encore mal oreilles des rapinards et des simples, de ceux qui exploitent la sottise ou l'ignorance des autres et de ceux qui ne savent avoir de volonté que lorsque le diable ou le gendarme a parlé.

Il y a dans ces catégories, assez d'esprits malins pour tromper la masse, pour lui présenter de la main droite ce qu'ils retirent de la main gauche, pour influencer le travailleur des champs qui redoute par dessus tout les dissensions, les querelles de ménage, qui n'aspire qu'au repos, qu'à la sérénité, qu'aux rares jours de fête que lui laissent ses pénibles travaux... C'est contre ces esprits que nous devons lutter jusqu'à leur entière impuissance; c'est autour d'eux, parmi eux, que sans trève ni repos nous devons glorifier la République, le gouvernement de tous par tous, la maintenir, l'organiser, lui faire atteindre notre suprême idéal, la leur montrer comme un soleil, contre lequel leurs ombres ne prévaudront jamais plus; et pour arriver à ce résultat, il ne nous faut plus de grands efforts :

Lorsque nous lisons un roman, une histoire des temps passés dans la France du moyen-âge, nous sommes émerveillés des récits, des chants des troubadours; nous nous représentons facilement, le seigneur bon prince, les capitaines d'armes francs buveurs, les preux grands chasseurs et coureurs d'aventures, les châtelaines bonnes et gracieuses, les demoiselles montées sur de blanches haquenées, etc..., etc... Nous nous représentons facilement tout cela; nous en sommes, avons-nous dit, émerveillés et nous nous prenons à regretter de n'être pas venus au bon temps, car nous ne voyons que le bon temps; et puis, pour un rare hobereau maigre et plumé, nous en avions tant de riches, de resplendissants !

Nous perdons de vue que les heureux dans le bon temps étaient une infime minorité, que le peuple, la masse, la nation, enfin, maintenue dans la plus crasse ignorance, gémissait courbée sous le poids de ses chaînes, grouillait, croupissait dans la misère, s'abrutissait à la corvée!.. Si par hasard quelque tête chaude, quelque cœur généreux, quelque belle âme, quelqu'intelligence ouverte venait à surgir de cette masse taillable à merci, le cachot, le fouet ou la corde ne tardait pas à en avoir raison. Aussi, que de souffrances supportées avec plus ou moins de résignation! que de douleurs étouffées! que d'indignations contenues!... Si le droit et la justice n'avaient pas dû parler à leur heure, à leur moment, et transformer cette horrible société, la haine seule amassée par le peuple durant tant de siècles, aurait suffi pour consommer la révolution.

L'humanité ne saurait avoir de haine; un peuple ne devrait pas être divisé! Quand une nation comme la nôtre a vu le soleil du droit et de la justice se lever sur sa tête, cette nation n'a plus qu'à demeurer en possession de toutes ses facultés, qu'à porter ses regards, qu'à étendre sa sollicitude sur tous ses membres, depuis son centre jusqu'à ses extrémités, et le droit et la justice pénètreront partout également comme les rayons solaires dans la prairie où poussent tant d'herbes et de fleurs différentes, mais d'où les monticules, les hautes futaies et les arbres-rois sont invariablement exclus.

Les hommes sont frères; ils sont tous enfants d'Adam, enfants de Dieu! nul d'entre les hommes n'a été fait pour singer la Providence, pour s'approprier, aidé de quelques coquins hardis et dorés, la fortune, le commandement d'une nation; pour s'affubler d'hermine ou de pourpre et d'une couronne d'or, de diamants, de pierres précieuses; pour prendre le titre de Roi ou d'Empereur; pour déguiser, sous les termes de droit divin, de légitimité, les faits accomplis par la force brutale, le rapt, souvent l'assassinat.

Le gouvernement est né de la nécessité absolue de maintenir la concorde chez les membres d'une nation dont les intérêts sont liés les uns aux autres. Les citoyens étant égaux devant le droit, ont dû se rassembler, s'entendre, désigner les plus populaires d'entr'eux, donner à ceux-ci la mission d'élaborer des lois, et ces lois une fois acceptées, s'y soumettre et vivre ainsi dans la plus grande harmonie possible. Les aberrations, les folies de l'esprit humain qui sous le nom de lois sont venues, dans notre pays particulièrement, bâillonner la nation, la garotter, l'exploiter, la réduire, la mener tour à tour au spectacle, au gibet, au soleil, aux ténèbres les plus épaisses, lui donner un repos factice de quelques années, puis la livrer aux fléaux déchaînés, ne sont que des monstruosités imposées depuis par les tyrans à cette pauvre nation surprise et trompée!

Nous sommes tous citoyens libres d'une grande nation; nous devons donc, puisque la lumière se fait parmi nous, revenir définitivement au principe seul juste, immuable, indiscutable de gouvernement légal, le gouvernement de tous par tous, le gouvernement républicain, démocratique.

II

Après avoir affirmé notre droit, rappelé notre ignorance et nos malheurs, nous jugeons inutile d'établir tous les termes de comparaison entre la ou les monarchies que la France a subies et ce que doit être, ce que sera certainement la République. Nous ne disons pas à dessein la ou les Républiques que la France a vues, parce que dans ces Républiques le droit primordial, né du commencement, a toujours été en lutte avec l'hydre aux cent têtes que l'on appelle monarchie, avec des partis intéressés, furieux, qui donneraient encore toute la sueur et tout le sang d'un grand peuple pour l'édification de leurs principes faux et menteurs.

Nous sommes en République, nous y voulons demeurer en dépit de toutes les factions, et cela parce que nous voyons clair, parce que nous apprécions la force de notre droit, la valeur de nos votes et les bienfaits qui découlent tout naturellement du suffrage universel sous une République.

Les bienfaits du suffrage universel sous une République sont au nombre de trois :

1° La liberté;

2° L'ordre;

3° Le respect des droits individuels.

La liberté sans la licence est le plus précieux des biens; l'ordre en garantit le règne bienfaisant. Avec la liberté tous les citoyens peuvent aspirer au savoir, à la fortune, aux honneurs, sans crainte d'être supplantés dans les études ou les travaux librement entrepris par des inférieurs, par des favoris. La grande instruction, l'acquisition par le travail de capitaux ou de propriétés, toutes les places jusqu'à celle de Président de la République, sont donc, dans la République, le fruit de la liberté.

L'ordre est de nécessité absolue! Il n'est pas plus de liberté sans ordre que de lumière sans soleil. Les ennemis de l'ordre dans une République sont donc les ennemis de la liberté, les ennemis de la société! La nation, autrement dire, l'Etat, doit être suffisamment armée pour sauvegarder la liberté, pour réduire à l'impuissance les fauteurs de désordres.

Le respect des droits individuels dans la République, est le principe sans lequel l'ordre et la liberté deviendraient stériles : il faut, en effet, que chaque citoyen bien intentionné puisse se mouvoir librement et, si quelqu'un vient à s'élever d'une façon quelconque au-dessus du vulgaire, qu'il n'aperçoive autour de lui que des imitateurs et des admirateurs. Le respect des droits individuels assure la propriété des biens meubles et immeubles aux héritiers et aux acquéreurs, le libre exercice de toute religion humanitaire à tous les citoyens.

La République assure donc la liberté, l'ordre, le respect des droits individuels ; et par ce fait, elle est le seul gouvernement juste, légal, légitime, désirable.

Il nous reste comme dernière explication et pour ne pas laisser l'ombre d'un doute dans l'esprit du lecteur attentif, à établir une comparaison entre la République et la Monarchie, au point de vue du bien-être des citoyens, de l'intérêt général dans l'avenir ; si nous arrivons à convaincre tous les lecteurs, nous aurons aussi bien mérité de la Patrie et nous nous trouverons largement récompensé :

La République, c'est l'impôt du sang, le premier des impôts, étendu à tous les citoyens en état de porter les armes; c'est l'impôt sur le revenu, le plus juste de tous les impôts, qui, à lui seul, doit assurer le traitement des gens de gouvernement, les dépenses de l'armée de l'ordre, de l'administration, des travaux publics et de la marine. La République, nous l'avons déjà dit, c'est l'instruction, la moralisation du peuple, le droit, la justice et par-dessus tout la liberté couronnée par le suffrage universel !

La Monarchie, au contraire, c'est l'impôt du sang inégalement réparti, destiné à recruter les armées permanentes dans les classes pauvres et laborieuses, impôt inique, immoral, qui laisse les gens de fortune oisifs, livrés à tous les vices, qui fait une classe de privilégiés dans les autres classes ; c'est le dédale de tous ces impôts dont les noms seuls, pour la plupart, écœurent les esprits, les âmes honnêtes. La Monarchie, c'est le suffrage restreint ou le suffrage universel faussé, démoralisé, acheté par l'ambition, la peur, etc..., toujours au service d'un vice quelconque ; c'est l'instruction primaire atrophiée, l'instruction supérieure réservée ; c'est le droit monstrueux créé par le privilége à la place du droit humain ; c'est la justice titrée, enrubannée, gorgée d'or, à la place de l'austère, de la véritable justice. La Monarchie, enfin, c'est la tyrannie, le pouvoir d'un seul sur tous les citoyens, la légitimité, l'anéantissement de la liberté !

La République impose des devoirs !

La Monarchie impose des chaînes !

La République contient le germe de toutes les vertus !

La Monarchie engendre la révolte ; elle est la source de toutes les révolutions ! Le peuple, tondu, pressuré, mystifié, mortifié, méprisé, ne tend, dans la Monarchie, qu'à lever la tête, qu'à briser les fers rivés à ses membres ; s'il parvient à se débarrasser du monarque ou si la Providence le délivre du tyran, il se venge et les privilégiés crient à l'assassin ! La société menacée est en péril, le vaisseau de l'État sur le point de sombrer.

Mais voici la République ! l'ordre se rétablit, les passions s'apaisent, la justice apparaît, la liberté reprend ses droits, et le peuple comme une seule famille se remet au travail, les charges équitables sont acceptées par lui comme une nécessité inévitable, l'économie et la sagesse aidant, la plus grande somme de bien-être qu'un peuple ait pu rêver se répartit tout naturellement entre tous les citoyens, entre tous les membres de la grande famille, entre tous les enfants de la Patrie.

Français ! il n'y a plus à le céler : la Monarchie est bien morte chez nous.

Vive la République !

Toulouse. — Typographie J.-M. BAYLAC, rue de la Pomme, 34.

www.ingramcontent.com/pod-product-compliance
Lightning Source LLC
LaVergne TN
LVHW010405240826
846091LV00020B/2763

* 9 7 8 2 0 1 3 3 7 6 9 4 5 *